UN MOT

SUR LES

ARMÉES ÉTRANGÈRES

ET

SUR LES TROUPES SUISSES,

PAR M. LE COMTE DE F..... P....

AUTEUR DU NOUVEAU DICTIONNAIRE FRANÇAIS.

Contre les coalitions des peuples, il n'y a que les coalitions des rois.

(*Page 14.*)

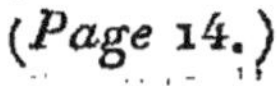

10 CENTIMES.

IMPRIMERIE PORTHMANN,

RUE Ste.-ANNE, N°. 43, VIS-A-VIS LA RUE VILLEDOT.

15 MARS 1820.

~~~~~~

Chez {
PORTHMANN, rue Sainte-Anne, n°. 43 ;
DENTU,
PÉLICIER,
DELAUNAY,
} Libraires, au Palais-Royal.

LE NOUVEAU DICTIONNAIRE FRANÇAIS,

Volume in-8°. de 600 pages,

8 FRANCS et 10 FRANCS PAR LA POSTE.

UN MOT SUR LA CHARTE et LE GOUVERNEMENT REPRÉSENTATIF,

5o centimes.

~~~~~~

UN MOT

SUR

LES ARMÉES ÉTRANGÈRES

ET

LES TROUPES SUISSES.

Les armées étrangères ont joué deux fois en France, depuis six ans, un assez grand rôle pour fournir la matière de quelques observations.

Il est cruel d'être forcés de reconnaître que nous avons été subjugués ; que deux fois en quinze mois, la Capitale a été occupée par nos ennemis ; je les nomme ainsi, parce qu'ils combattaient contre les Français : car au 31 mars 1814 et en juillet 1815, ils n'étaient plus que des libérateurs, puisqu'en nous délivrant de l'usurpateur, ils nous rendaient notre Souverain légitime. Quoique ces deux visites nous ayent coûté bien cher, elles n'ont pas été payées au-delà de leur valeur : ce n'est pas la faute des alliés, si, depuis 1815, nous n'avons pas mieux profité de leurs bienfaits.

Il ne sera jamais démontré que les Souverains n'auraient pas pu nous dispenser de leur visite de 1815, soit en suivant le conseil du général *Blucher*, qui voulait qu'on se portât sur Fontainebleau en force, et qu'on anéantît Bonaparte et ceux qui auraient tenté de le défendre ; soit en l'envoyant où il est aujourd'hui, et non à cinquante lieues des côtes de France, d'où l'événement a prouvé qu'il n'était pas difficile de revenir.

Les mesures de précaution qu'ont prises, en 1819, les Souverains d'Allemagne, ont fort effrayé nos indépendans, quoi qu'ils en disent : ils voyent déjà les troupes étrangères aux portes de la France ; et comme une nouvelle agression (si elle avait lieu) serait dirigée contre eux et leurs affreuses doctrines, ils n'oublient rien pour persuader à tous les Français que leur cause est celle de la nation : jonglerie dont on n'est plus dupe. La nation, c'est la masse des royalistes, des amis du trône et de la légitimité ; les autres, de quelque classe qu'ils soient (car il y en a dans *toutes*), en sont l'opprobre et la lie : dans une monarchie, celui qui n'est pas royaliste est un mauvais citoyen, et doit être rejeté *hors de la nation* (1).

Les jacobins redoutent le joug des étrangers, parce qu'ils y seraient soumis, et que leur but unique est de voir plier toute la France sous leur domination, comme en 1793. Si pourtant (ce qu'à Dieu ne plaise), nous étions destinés à gémir encore une fois sous l'un de ces jougs, choisissons celui de juillet 1815, de cette *terreur* que d'infames libellistes ont l'audace de comparer à celle de 1793. Elles sont comparables (et ils le savent bien), comme l'avocat *Manuel* est comparable au chancelier d'Aguesseau, ou le publiciste *Benjamin* (2) à Montesquieu.

––––––––––––

(1) Les libéraux, en se nommant ainsi, mettent comme de raison, les royalistes eux-mêmes *hors de la nation*, ne pouvant pas les mettre *hors de la loi*: ils font bien. Nous mourrions de honte si, de quelque nom que s'affuble cette tourbe de factieux, nous n'étions pas séparés d'elle par un intervalle incommensurable; car il est certain que s'ils sont la nation, nous n'en faisons point partie: combien il serait flatteur pour le Roi de France de régner sur une pareille nation!

(2) Comme en parlant de J.-J. Rousseau, on dit,

Cependant l'amour des libéraux pour 1793 , et leur horreur pour 1815, ne doivent point surprendre ; en 1793 et 1794, des bourreaux appelés juges, ont massacré des milliers d'innocens, et *pas un coupable* ; en 1815 , de véritables juges ont condamné quelques coupables, *et pas un innocent* (au moins sciemment); la préférence est expliquée.

Je viens de dire que le joug des étrangers était moins redoutable que celui des jacobins : l'expérience me servira de guide ; je vais motiver mon opinion d'après elle.

Les armées étrangères ont occupé deux fois le Royaume et la capitale : elles m'ont coûté quelque chose comme à tous les habitans de Paris et des provinces qui ont reçu des officiers ou des soldats ; mais ma tranquillité personnelle n'a jamais été troublée : je n'ai essuyé ni insultes , ni violences , ni pillages.

En 1793 , les jacobins m'ont outragé , pillé , incarcéré ; ils ont massacré mes parens et mes amis : le temps seul leur a manqué pour me traiter de même. Laquelle des deux *tyrannies*

J.-J. tout court , la célébrité de M. de Constant autorise à le traiter de même ; je ne le désignerai donc plus autrement.

dois-je préférer ? celle qui m'a fait tous les maux humainement possibles, ou celle qui, à prendre les choses au pied de la lettre, ne m'a causé qu'un léger dommage (eussé-je été pillé par les cosaques), plus que racheté par le retour de mon Roi ? S'il faut donc opter entre les jacobins et les étrangers, j'opte pour *ceux-ci* : je ne m'en cache pas, et tout homme qui, avec les mêmes motifs, dira autrement que moi, sera un menteur ou un sot.

L'honneur national, la dignité de l'homme, sont l'argument favori des indépendans contre l'occupation de la France par les étrangers. Ces gens-là, dissertant sur l'honneur, rappellent *Figaro* composant un traité sur les finances, sans posséder un écu. L'honneur de la nation française n'a point été compromis pour avoir cédé deux fois à des forces infiniment supérieures (1) : ce qui l'a non pas compromis, mais

______

(1) Quelque haute idée que j'aye toujours eue des armées françaises, voici ce que j'ai écrit il y a environ vingt ans. « ..... alors les rois se liqueraient *sérieu-* » *sement* contre nous, et si la coalition était générale » et bien dirigée, la grande nation ne résisterait pas » un an ; c'est de quoi les foux et les imbécilles peu- » vent seuls douter. » (*Extrait* des Six Lettres à Mercier, vol. in-12, Paris, 1801, page 263.)

anéanti, c'est d'avoir rampé sous mille despotes, de 1792 à 1814, et ces *coryphées* de l'honneur national ont été les premiers à baiser la poussière des pieds de nos tyrans, lorsqu'eux-mêmes n'en ont pas fait partie. Cet honneur est compromis aujourd'hui par ceux-là même qui l'invoquent perfidement dans leurs pamphlets infames, pour masquer sous un beau nom, les plus détestables doctrines, les plus coupables projets. Des calomnies toujours précédées de l'impudente assurance qu'on ne connaît que la vérité et l'impartialité ; des outrages continuels contre tout ce qui commande l'amour et le respect ; des articles répétés, dans les journaux, pour défendre et protéger les plus criminels des hommes ; les opinions révoltantes émises dans la Chambre des Députés, qui devrait être l'asile de l'honneur et de l'honneur *sans tache*, ce qu'elle n'est pas à beaucoup près ; voilà ce qui attaque l'honneur d'une nation, et ce que nous voyons journellement depuis plusieurs années. Il serait beaucoup moins déshonorant d'être subjugués trente fois, excepté pourtant par les misérables de 1793 et leurs successeurs, ce qui serait le *nec plus ultrà* de la turpitude et de l'infamie.

Mais rassurons-nous ; le temps des servitudes

est passé sans retour : nous ne subirons plus ni le joug des étrangers, ni le joug mille fois plus honteux des jacobins. Le comte O Mahony, dans un N°. du Drapeau blanc de 1819, le leur a déclaré sans détour, par cette phrase décisive : *Ne craignez vous pas qu'un jour nous ne finissions par nous compter ?* Si l'on doit juger de la peur que leur a faite cette phrase par les vociférations, les cris de rage qu'elle a arrachés aux interprètes de la *clique*, et qui ont été consignés dans les feuilles libérales, cette peur a été extrême, et franchement il y a de quoi, lorsqu'on veut l'examiner avec toute l'attention qu'elle mérite ; ils l'ont trouvée *couleur de sang*, et appelant la guerre civile ; la guerre civile ! Ils errent étrangement ; cette guerre ne durerait pas quinze jours ; la partie est trop inégale ; nous avons pour nous la bonne cause et le nombre, quoiqu'ils aient l'air de ne pas croire à ce dernier article : quant au courage, y aurait-il de la jactance à prétendre qu'ils n'en ont pas plus que nous ? L'issue du combat ne saurait donc être douteuse (1).

---

(1) La guerre civile est l'épouvantail de beaucoup de bonnes gens qui ne savent pas précisément ce que c'est, et qui sont persuadés que toutes les guerres

Un pamphlet semi-périodique des plus viru-
lens a dit il y a quelque temps qu'il fallait
réserver pour les nobles et les royalistes les
charettes et les tombereaux. On sait que c'était
ainsi qu'on les voiturait à l'échafaud. Sans doute
les jacobins ont trouvé cette phrase *couleur de*
rose. Mais le comte O Mahony les a prévenus
qu'ils ne devaient plus compter sur la meilleure
arme de leur arsenal, *la guillotine*, parce que
c'était une pièce *enclouée.* Il est impossible
que cette horde de cannibales soit assez bête
pour penser que nous nous laisserons prendre
deux fois au même piége. En 1793, regardant
comme physiquement impossible qu'il existât

---

doivent être comme celles dont ils ont lu l'histoire.
Plût à Dieu qu'en 1789, cette guerre civile tant re-
doutée eût eu lieu ; elle n'aurait pas été longue, et la
révolution aurait été ajournée à plusieurs siècles ; cette
révolution qui nous a coûté plus d'hommes et d'or que
dix guerres civiles, et sans nous préserver de celle de
la Vendée, qui en vaut bien une autre ; qui nous a dé-
moralisés, corrompus, pervertis pour deux ou trois gé-
nérations ; qui a ruiné et dévasté l'Europe, dont les fu-
nestes suites et les affreux principes, menacent encore
aujourd'hui le repos de 150 millions d'hommes.
Quelle guerre civile n'eût pas été mille fois préférable
à une telle révolution !

des monstres qui tuassent, pour le seul plaisir de tuer, nous nous sommes isolés, et cette imprudence nous a livrés sans défense à des scélérats qui, se mettant vingt contre un, se sont peu à peu rendus maîtres des honnêtes gens, et les ont égorgés. C'est ainsi que cinquante misérables sortis de la fange, ont dévasté des villes de plusieurs milliers d'âmes. Il n'en sera plus de même ; nous n'attendrons pas qu'on nous attaque ; dès que la canaille fera *mine* de frapper, nous *frapperons*, et par une suite inévitable des raisons énoncées ci-dessus (1),

---

(1) Si l'on pouvait conserver quelques doutes sur l'extrême inégalité numérique, qui existe entre les royalistes et les ennemis du trône, il suffirait de jeter les yeux sur les pétitions en faveur de la loi des élections, et les adresses envoyées de tous les points de la France pour témoigner l'horreur universelle qu'a inspirée l'exécrable attentat de *Louvel*. Les premières, colportées dans les cabarets, dans les campagnes, pendant *trois mois*, ont à peine obtenu de 60 à 70 mille signatures mendiées et arrachées par les plus vils moyens, par le mensonge, en trompant effrontément des hommes ignares, sur l'objet de la pétition, en signant pour eux à leur insçu. Les adresses au Roi sont revêtues d'un bien plus grand nombre de signatures, quoiqu'on n'ait eu que quelques heures ; si l'on avait eu deux jours, la population entière aurait signé, et

nous exterminerons ces tigres altérés de sang, mais qui ne se repaîtront plus que de la vue du leur. Espérons que les hommes chargés de veiller sur nos destinées, ne nous réduiront pas à une aussi cruelle extrémité ; mais enfin, s'ils persistent à ne vouloir pas nous sauver, il faudra bien nous sauver sans eux.

L'honneur national , selon les libéraux , qui savent si bien ce que c'est , s'oppose à ce que

---

la chose s'est passée dans les mairies, en présence des magistrats, ce qui donne à ces adresses une authenticité que ne présente *aucune* des pétitions ; quoique plusieurs députés les ayent défendues à la tribune de toute la force de leurs poumons : les défaites ne les lassent point ; ils reviennent toujours au combat avec une nouvelle vigueur. Mais eussent-ils 200 mille signatures , comme l'a dit un député du côté droit , *tout ce qui n'a pas signé est pour nous.*

Il n'est pas inutile de remarquer que Marseille n'a point envoyé de pétition pour le maintien *intégral* de la loi des élections : ce n'est pas qu'on n'en ait colporté une dans les cabinets littéraires , dans les cafés ; mais on n'a jamais pu obtenir assez de signatures pour oser l'envoyer, malgré tout le zèle de quelques avocats qui dirigeaient cette belle opération : depuis 30 ans , on rencontre ces Messieurs partout , et ce n'est pas toujours sur le chemin que suivait le panache blanc de Henri IV.

les étrangers se mêlent de nos affaires ; en effet, il vaudrait beaucoup mieux que nous les arrangeassions entre nous : alors il faudrait ne pas nous immiscer dans les autres Gouvernemens, ou digérer de justes représailles ; il ne faudrait pas que des libellistes périodiques ou quotidiens, apôtres de la sédition et de la révolte, fissent métier d'insulter les souverains et leurs ministres, de censurer leurs opérations, comme si la mission en avait été déléguée à cette bande d'écrivailleurs, fussent-ils députés, même académiciens. Les souverains peuvent ne pas approuver que notre tourbe libérale soutienne, exalte, préconise des rébellions, des assassinats, des attentats contre les trônes ; que les insurgés d'Amérique soient proclamés d'excellens citoyens ; que les révoltés d'Espagne soient une armée *constitutionnelle*, qu'on se félicite hautement des revers qu'essuient les troupes royales (1) ; que les voies de fait exercées en Au-

______

(1) Lorsque la fièvre jaune, en moissonnant la moitié des équipages, a empêché le départ de l'expédition de Cadix, les frères et amis en ont *rugi* d'allégresse : je me sers de cette expression, parce qu'un voyageur m'a assuré que les tigres rugissaient également dans la rage et dans le plaisir.

gleterre contre les autorités, soyent décorées du nom de patriotiques , etc., etc. Si les rois ne trouvent pas à leur gré toutes ces belles choses, ils font très-bien d'y mettre fin par tous leurs moyens, et d'opposer le canon à la plume : c'est dur, j'en conviens, mais chacun se sert de ses armes. Je ne blâme point un souverain qui veut conserver son pouvoir. Puisque la possession constitue seule la légitimité, selon nos grands publicistes du jour, ceux qui sont *assis* doivent se bien tenir, et détruire, s'il le faut, tout ce qui tend, même dans l'éloignement, à les détruire eux-mêmes. Les jacobins forcent d'étudier Machiavel : contre les coalitions des peuples, il n'y a que les coalitions des rois (1).

On prête au comte Rostopchin, gouverneur de Moskou en 1812, un propos fort extraor-

---

(1) Si les coalitions des peuples étaient générales, il n'y aurait aucune force humaine à leur opposer ; mais nous n'en sommes pas là : ces coalitions, que j'ai en vue, ne comprennent que la partie la moins nombreuse, et la plus abjecte des nations ; elles seront anéanties le jour que les souverains ouvriront *tous* les yeux *à l'évidence.*

dinaire (1). Sans le certifier, je crois qu'il peut fournir la matière d'une discussion assez inté-ressante.

Le comte R. aurait donc dit que le seul moyen de terminer à jamais, et tout d'un coup, la révolution de France, était de brûler Paris; le moyen eût été violent, je l'avoue; cependant il n'est pas totalement dépourvu de raison et de vraisemblance. Puisqu'au lieu de finir en 1814, au retour du Roi, la révolution continue encore en 1820, ou, si l'on veut, recommence, la sévère opinion du comte R. est très-soutenable. Paris détruit, aucune autre ville n'aurait pu, de plusieurs siècles, offrir un point de ralliement capable de vomir 40 ou 50 mille bêtes féroces, comme nous les avons vues en octobre 1789, sous les ordres du général

______

(1) D'après l'incendie de Moskou, événement sans exemple, qui honorera la nation russe à jamais, on avait représenté le comte R. comme un sauvage, un animal féroce ; ses portraits étalés partout, faisaient reculer d'effroi : nous avons vu l'original, et au lieu du sauvage, un homme aimable, bien élevé, de très-bonne compagnie, qui, pour la politesse et l'usage du monde, pourrait donner des leçons à beaucoup de Français intimement persuadés qu'ils n'en ont pas besoin.

Lafayette (ou plutôt qui le traînaient lui-même sous les leurs), et plus tard en 1792. Paris est un foyer permanent de rébellion et de désordre. Une capitale immense présente peut-être quelques avantages dans un pays vaste, riche et peuplé ; mais elle a des inconvéniens bien plus graves ; les événemens qui se sont succédés depuis trente ans dans Paris, le démontrent invinciblement. Le calme y renaîtra sans doute (1) ; mais il ne sera jamais durable, ou il faudrait adopter un mode de Gouvernement tout différent de celui qui existe ; ce n'est pas le Gouvernement lui-même dont j'appelle le changement : c'est la manière de le faire aller. N'oublions pas que la populace a été façonnée à l'insurrection que le héros des deux mondes, et ses élèves, lui ont présentée comme *le plus saint des devoirs*, pendant qu'elle est précisément l'opposé ; mais plus une maxime est absurde et pernicieuse, plus elle fait de prosélytes parmi les hommes dépourvus de tête, et n'ayant

---

(1) Quoiqu'on ne se batte pas dans les rues, je ne regarde point comme une situation paisible, l'état d'effervescence, d'exaspération où nous sommes, et ces divisions politiques dont nous ne verrons la fin de long-temps.

que des bras, ce qui constitue la très-grande majorité.

Après une aussi longue révolution, qui a laissé tous les esprits dans une effervescence dont nous ressentons les déplorables effets, avec un Gouvernement représentatif, qui amène annuellement des époques où l'intrigue se démasque, où les passions ne connaissent plus de frein, où la division des partis (1), l'exaltation des têtes, s'opposent à tout acheminement vers le bien, avec une masse de factieux qui professent hautement des doctrines subversives de l'ordre social ; il faudrait au plus 200 mille habitans dans la capitale, et que le Gouvernement s'opposât à toute augmentation, au moins jusqu'à ce que la situation des esprits et des choses pût le permettre sans danger. Avec nos 700 mille ames, dont un quart est dans la misère, et d'autant plus facile à égarer ; nos élections, foyers de cabales et d'intrigues ; nos chambres divisées en trois parties bien distinctes, dont chacune n'est occupée

______

(1) Je sais que le nom de *parti* ne convient qu'aux libéraux et aux ministériels, et nullement aux royalistes qui sont *la nation* ; je m'en sers faute d'autre, et pour éviter une périphrase.

qu'à l'emporter sur les deux autres, et dont une seule veut franchement et sans relâche le bonheur de la France : avec tout cela, nous ne jouirons jamais d'une tranquillité stable, et sans être tranquilles, pouvons-nous être heureux ? J'empiète, je le sais, sur les droits de Mlle. Lenormant ; mais ce en quoi je diffère de la sybille, c'est qu'elle voudrait ne jamais se tromper, et qu'elle se trompe souvent, et que moi qui voudrais de tout mon cœur me tromper, je ne me tromperai peut-être pas.

Les propriétaires de la Capitale ne goûteront pas *le plan* du comte R., on ne peut les blâmer ; cependant si la destruction de Paris procurait à toute la France un bonheur et une tranquillité non interrompus pendant plusieurs siècles, ce serait une excellente opération. Ne perdons pas de vue que les provinces sont à la Capitale comme 40 est à 1. Les trois quarts du Royaume ne connaissent ni le Louvre, ni les Tuileries, ni les grands monumens qui décorent la capitale, ni ses spectacles, ni ses plaisirs en tout genre, et ne les connaîtront jamais. Une longue suite d'années heureuses et paisibles les consolerait bientôt de ces pertes, qui n'en seraient pas pour eux.

Comme le moment de réaliser le propos du comte

comte R. (si toutefois il l'a tenu) est passé,
et selon toute apparence ne reviendra plus,
les Parisiens peuvent se tranquilliser, non pas
sur une nouvelle révolution, mais sur la jouis-
sance de leurs maisons, surtout si elles sont
assurées.

TROUPES SUISSES.

Les royalistes aiment et estiment ces étrangers devenus Français, qui, depuis plusieurs
siècles, leur ont disputé la palme du courage
et de la fidélité ; qui, le 10 août, se sont sa-
crifiés pour soutenir le trône. Nous les aimons,
parce qu'ils ont fait comme nous. Les anti-
royalistes les détestent par la même raison (et
il n'y en a pas d'autre) ; de plus, ils les crai-
gnent : leur unique but est d'isoler le trône ;
car, pour le renverser, ils doivent le priver de
ses défenseurs ; sans quoi ils ne l'attaqueraient
pas : les scélérats sont prudens, c'est-à-dire
lâches.

Les écrivailleurs de la faction ne pouvant
avouer leur véritable dessein pour demander
trois fois par semaine le renvoi des Suisses, se

sont rejetés sur la dépense (1). 12,000 hommes que nous avons, coûtent, dit-on, 600, 800 mille francs de plus qu'un pareil nombre de soldats français : mettons un million. Ces *gratte-papiers* à tant la page trouvent mauvais que le budget de la guerre soit accru de cette somme ; ils ont bonne grâce ; des gens qui ne possèdent rien, ou à peu près, qui par conséquent n'en payent ni plus ni moins, ressemblent à un pauvre diable qui n'ayant à manger que 15 ou 20 sous par jour, se plaindrait de la cherté des cartes de Véry ou de Beauvilliers. Qu'ils laissent crier les propriétaires, sur lesquels tombe réellement cette augmentation : mais ceux-ci ne disent rien, parce qu'ils sentent la nécessité de garder ces braves gens *à tout prix*. Les 12,000 Suisses, s'ils étaient congédiés, nécessiteraient une levée d'autant de Français, qu'il faudrait entretenir sans relâche, et qui seraient enlevés à l'agriculture. Les Suisses renvoyés ne tarderaient pas à être pris

____

(1) Je comprends sous le nom d'écrivailleurs, ces écrivains *à la page*, gagnassent-ils 30,000 francs. Des agioteurs gagnent davantage. Ce ne sont point là des citoyens, puisque rien ne les attache à leur pays, si ce n'est pourtant la crainte assez naturelle de n'être pas reçus ailleurs.

par quelque puissance, et pourraient devenir nos ennemis. En rompant ainsi nos traités avec cette nation, il faudrait renoncer à sa neutralité comme à son amitié (1). A la première guerre, les armées étrangères traverseraient son territoire et pénétreraient en France sans coup férir. Les Suisses nous tiennent lieu de places fortes dans une longueur de 80 lieues : de toutes les barrières, ce sont les plus sûres et les moins dispendieuses; cet avantage seul vaut plus de deux millions par an. Combien de millions exigeraient la construction et l'entretien des forteresses nécessaires pour fermer une aussi grande étendue ! Ainsi, même en mettant de côté la justice, la raison, les traités et *la reconnaissance*, les avantages pécuniaires suffisent pour réduire au néant tous les libelles

---

(1) Les indépendans ont l'air de regarder cette neutralité comme illusoire, d'après tout ce qui s'est passé en 1814. Si toutes les puissances avaient encore des raisons aussi plausibles d'entrer chez nous, il en serait de même : mais en 1814, la confiance en Bonaparte différait beaucoup de la confiance en nos souverains. Ce qui le démontre, c'est que dans toutes nos guerres, depuis que cette neutralité existe, jamais elle n'a été ni interrompue ni menacée.

de ces déraisonneurs, d'autant plus coupables, qu'ils déraisonnent sciemment.

Des gens qui attaquent journellement dans leurs dégoûtantes diatribes, la religion, ses ministres, la royauté, la dynastie, n'ont pas dû ménager les Suisses; aussi plusieurs pamphlets (qui, à la vérité, ont attiré à leurs auteurs quelques *désagrémens*) ont-ils été publiés contr'eux. On a fureté dans les historiens les moins véridiques, dans les relations les plus obscures, pour y déterrer des traits capables de porter atteinte à leur antique renommée. On en a cité plusieurs, dont un seul est réel; c'est celui de deux bataillons qui, à la journée de Senef, refusèrent de charger (1). Le trait du colonel Schomberg, la veille de la bataille d'Ivry,

---

(1) Quoique ce fût dans un instant décisif, le prince de Condé prit son parti sur-le-champ, et dit froidement : *Ceux-ci n'iront pas, il faut en aller chercher d'autres* : mais dans le fort du combat, il eut un moment d'oubli presqu'inexcusable. Le marquis de Fourilles, officier général, reçut du prince l'ordre de charger : il se permit quelques observations sur la position de l'ennemi, sur le danger de cette attaque qui coûterait beaucoup de sang et ne réussirait pas. Le prince l'interrompit et lui dit avec véhémence : *Je m'aperçois depuis long-temps que vous aimez mieux*

regarde des Allemands et non des Suisses (1).
Cette unique faute a été lavée dans le sang de

---

raisonner que combattre ; mais c'est de l'obéissance que je vous demande, et non des conseils. Fourilles baissa la tête sans rien répliquer, marcha aux ennemis, fut repoussé et blessé à mort.

(1) Cette calomnie est d'autant plus gauche sous la plume du libelliste, qu'elle rappelle nécessairement un des plus beaux traits d'Henri IV, de ce prince qui, en qualité de roi de France et de chef de la famille des Bourbons, était incapable de rien faire de bien, et a usurpé une renommée que les libéraux espèrent bien parvenir à détruire un jour. Pauvres imbécilles !

Le colonel *Thische*, ou Schomberg, commandait un corps d'Allemands. La veille de la bataille, il vint dire au roi que ses soldats réclamaient impérativement quelques arrérages qui leur étaient dus, menaçant de ne prendre aucune part à l'action du lendemain, s'ils n'étaient pas payés. Le roi, qui n'avait guères d'argent, et qui était plus occupé des détails de la bataille que de s'en procurer, lui répondit brusquement : *Eh ! quoi, colonel, est-ce le fait d'un homme d'honneur de demander de l'argent lorsqu'il faut prendre les ordres pour combattre ?* Schomberg se retira tout confus. Le lendemain, Henri, ayant rangé ses troupes en bataille, se souvint du propos qu'il avait tenu la veille ; il fit appeler Schomberg et lui dit : *Colonel, nous allons combattre, il est possible que j'y demeure ; je ne peux point emporter l'honneur d'un brave gentilhomme.*

plusieurs milliers d'hommes, et plus qu'effacée par le seul 10 août. Plût au ciel que ces vils suppôts de l'anarchie qui les accusent, parvinssent à réparer leurs crimes aussi glorieusement !

Qu'elle est honteuse cette antipathie fondée sur des motifs qu'on n'ose pas avouer ! Un journaliste ne s'est-il pas avisé, en septembre 1819, de dire qu'enfin la statue pédestre de Henri IV exposée dans la cour du Louvre, n'était plus gardée par un Suisse, et de s'en féliciter comme d'une victoire ? il faut être bien malheureusement organisé pour concevoir une pareille idée ; mais il faut être bien bête pour en faire part au public.

---

comme vous : je déclare donc que je vous tiens pour homme d'honneur et incapable de commettre une lâcheté ; cela dit, il l'embrassa cordialement. Schomberg se jeta à ses pieds, en disant : Sire, en mé rendant l'honneur, vous m'ôtez la vie ; car j'en serais indigne, si je ne la sacrifiais pas aujourd'hui pour votre service : si j'en avais mille, je les mettrais toutes à vos pieds. En effet, il s'exposa tellement qu'il périt percé de mille coups. Ce trait est parfaitement beau et digne de ce grand prince. Assez heureux pour avoir le temps de réparer sa faute, il sut en profiter. Le prince de Condé avait l'ame assez grande pour suivre cet exemple ; mais le temps lui manqua.

L'Angleterre est pour les libéraux *une selle à tous chevaux*. Lorsqu'une de ses lois semble protéger les principes révolutionnaires, favoriser la licence, il faut au plutôt l'adopter : si au contraire elle combat les doctrines démagogiques, alors la différence des peuples, des localités, des usages, tout enfin l'empêche de nous convenir. C'est pourquoi, par exemple, les indépendans qui passent leur vie à écrire contre la religion et à blasphémer, ne voudraient pas de la loi anglaise contre les blasphémateurs ; car elle les déporte pour plusieurs années à Botanibay, et Botanibay n'est pas le mont Saint-Michel d'où la clémence du roi retire ceux qui ont eu le procédé de ne pas s'évader en chemin.

L'Angleterre donc ne voulant pas de Suisses, la France ne doit pas en vouloir; c'est un malade qui refuse les remèdes, parce que son voisin qui se porte bien n'en prend pas. Est-ce que l'Angleterre a besoin de garder ses frontières, de conclure des traités pour obtenir une neutralité qui la dispense de construire des forteresses; de se mettre à l'abri des invasions étrangères? L'Océan est partout pour l'Angleterre, ce que les Suisses sont pour nous pendant quatre-vingts lieues. On voit donc

à quoi se réduit cet argument de nos révolutionnaires.

Pour terminer cet article, les Suisses sont ce
qu'ils ont toujours été, des modèles de bravoure
et de fidélité : revenus sous les drapeaux d'un
souverain légitime, ils ont oublié les insultes,
les outrages dont on les a abreuvés sous la ré-
publique : le désarmement du régiment d'Er-
nest à Aix en 1792, ordonné par le général
jacobin *Puget*, devant trois ou quatre mille
gredins venus de Marseille, que deux coups
de canon auraient fait disparaître à jamais ; le
triomphe des galériens de Chateau-Vieux, dé-
chaînés par la convention protectrice née de
pareils hommes, et conduite par Collot-d'Her-
bois, digne chef de cette *intéressante* troupe ;
les rapines du directoire, autre réunion d'honnêtes gens : tout cela est oublié, et les insultes

---

(1) Ces bonnes gens ont une telle horreur du sang
(ce dont ils ont donné de si fortes preuves) que la
couleur rouge est un de leurs griefs contre les soldats
suisses. Cette antipathie extrême, bien extraordinaire
pour la couleur de leurs bonnets, leur a fait trouver
rouges les habits *bleus* des Suisses au service du roi des
Pays-Bas. Un de leurs journaux a imprimé cette ba-
lourdise.

impunies, que la lâcheté se permet encore aujourd'hui contr'eux, n'ébranleront pas leur fidélité; au contraire, ils ne demanderont pour toute récompense, que la liberté de se charger *eux-mêmes* des réponses que méritent ces littérateurs : car les tribunaux ne s'y prennent pas bien, et les jurés s'y prennent encore plus mal. Ce ne sera pas avec ces absolutions scandaleuses, dont nous sommes témoins depuis si long-temps, qu'on mettra des bornes à la licence effrénée des amateurs de révolutions, et de leurs faméliques interprètes : nous savons depuis le 13 février ce qu'elle est capable de produire. Si nous ne profitons pas de cette leçon terrible, nous méritons tout ce qui nous arrivera.

On croirait difficilement que des condamnations pussent causer un plus grand scandale que ces absolutions; c'est pourtant ce que l'on a vu. En août 1819, le citoyen Dunoyer, l'un des rédacteurs du *Censeur européen*, fut condamné, pour diffamation, à un mois de prison, 500 francs d'amende et 1,000 francs de dommages envers la partie civile. A peine le jugement fut-il prononcé, qu'on fit dans la salle même une quête (au *maximum* de 10 sols) pour procurer ces 1500 francs *à l'infortunée victime;* car c'est le terme consacré pour tout libéral atteint par la justice (1) ; rien au monde n'est comparable à ce fait pour l'indécence : c'est manquer essentiellement au tribunal, et quoique le cas ne soit pas prévu par le Code, parce qu'il n'est pas présumable, le président aurait très-bien pu ordonner aux huissiers de mettre les quêteurs à la porte ; ils auraient achevé leur opération dans les *Pas-Perdus*, où ils auraient eu de plus la ressource des passans, Il n'est resté au condamné que l'emprisonnement, dont aucun des frères et amis n'a voulu sans doute se charger à sa place : il s'est donc contenté de recevoir l'aumône.

Nous avions vu dans le mois d'avril précédent faire également une quête pour procurer à deux autres *infortunées victimes* (Messieurs Sainneville et Fabvier) deux mille écus, montant de leur amende pour calomnie envers le général Canuel, relativement à l'affaire de

---

(1) Cet adjectif n'avait autrefois qu'un substantif : aujourd'hui, il en a deux directement opposés : la libéralité qui donne et le libéralisme qui reçoit, et qui prend lorsqu'on ne lui offre pas : la libéralité, partage des ames nobles et grandes ; le libéralisme, apanage des jacobins.

Lyon, toujours au *maximum* de 10 sols. La somme fut complète en peu de jours ; cela prouve qu'il y avait alors dans la capitale au moins 12,000 citoyens disposés à soutenir la bonne cause et à venir au secours de ses fidèles amis. C'est une grande consolation pour les vrais Français, qui sont assurés de retrouver dans l'occasion ces généreux patriotes, à qui rien ne coûte pour consoler l'innocence opprimée. Ces deux exemples ont opéré un grand changement dans l'acception du mot *aumône :* autrefois il était plus honorable de la faire ; aujourd'hui, si l'on considère de quelle classe sont ceux qui la reçoivent, il est plus honorable, sans doute, de la recevoir.

On s'occupe de changemens dans les lois sur la liberté de la presse, qui est dégénérée en licence, *et qui y dégénérera toujours*, si elle est indéfinie. Il faut espérer qu'on profitera de l'occasion pour ôter au jury la connaissance de ces délits ; car cette attribution qu'on lui a donnée est complètement *vicieuse*, et n'atteindra jamais le but. Ce ne sera pas la conscience des jurés qui décidera la question, mais leur opinion, et nous en avons vu déjà de trop nombreux exemples : chaque juré, avant la séance, sait comment il jugera : le prévenu est-il un journaliste libéral, accusé d'avoir outragé la religion, la royauté, tout ce qui commande le respect et l'estime? si la majorité du jury lit *le Conservateur* ou *le Drapeau blanc*, il sera trouvé coupable; si elle lit *la Minerve* ou *le Constitutionnel*, il sera déclaré innocent, *et vice versâ*, si l'accusé est royaliste. On me dira : Pourquoi voulez-vous que les jurés écoutent plutôt leur opinion que leur conscience? Parce que cela doit être, dans la situation actuelle des esprits et des choses, *et que cela est*. Ce mode de procédure ne saurait être trop tôt changé; il ne produira jamais rien de bon, et c'est ce qui me fait craindre qu'on ne le garde.

FIN.